AF329246

# À LA MÉMOIRE

DE

## FÉLIX-RENÉ CHABENAT

## COMTE DE BONNEUIL

MEAUX

A. CHARPENTIER, IMPRIMEUR-LIBRAIRE DE L'ÉVÊCHÉ

RUE SAINT-REMY, 9, ET PLACE DE LA CATHÉDRALE

1884

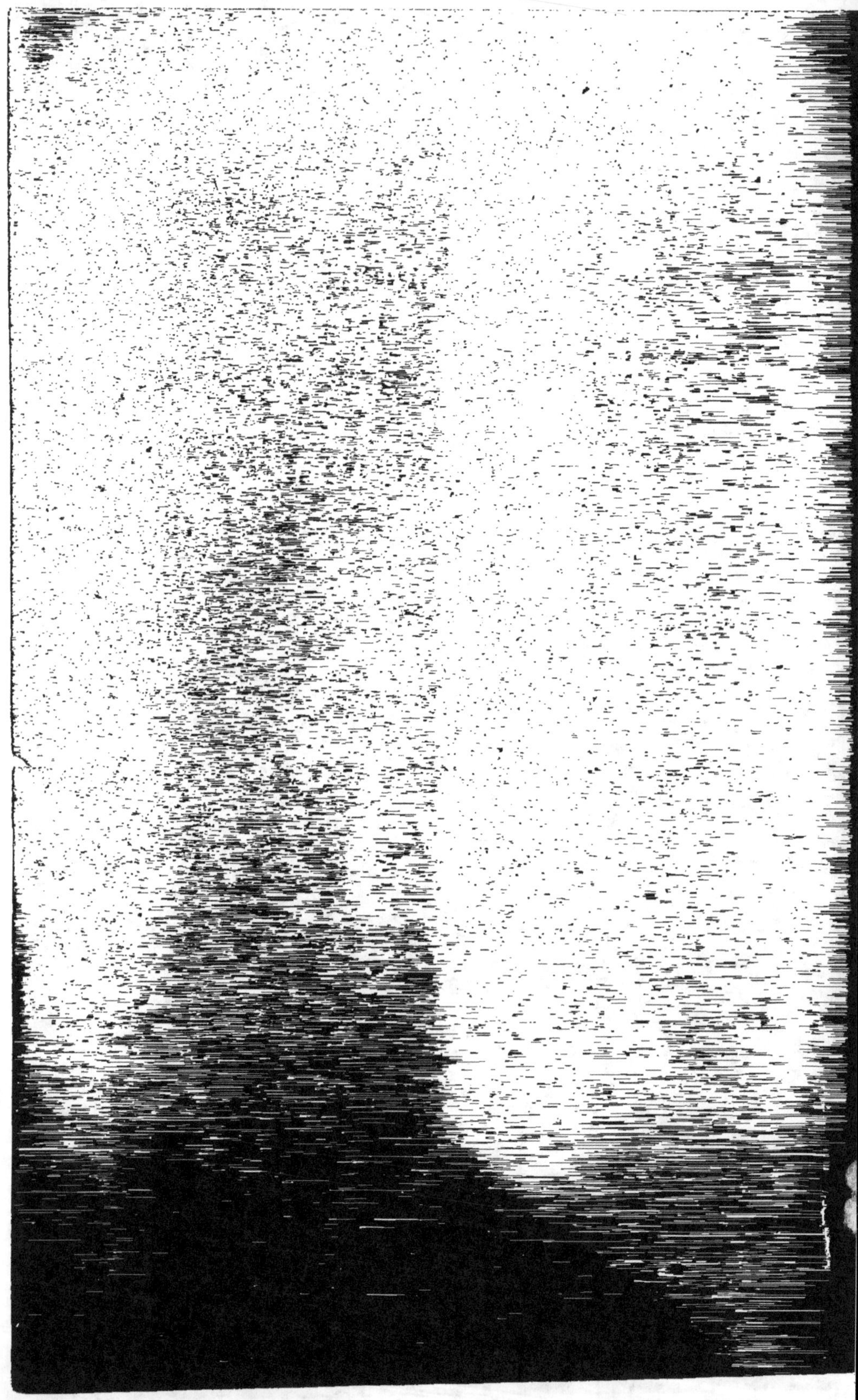

# A LA MÉMOIRE

DE

## M. Félix-Réné CHABENAT

## COMTE DE BONNEUIL

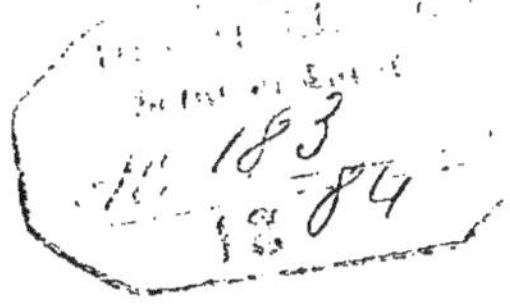



MEAUX

A. LE BLONDEL, IMPRIMEUR-LIBRAIRE DE L'ÉVÊCHÉ

RUE SAINT-REMY, 2, ET PLACE DE LA CATHÉDRALE

1884

# ALLOCUTION PRONONCÉE LE 17 MAI 1884



## M. LE COMTE DE BONNEUIL

> *Ego sum via, veritas et vita.*
> Je suis la voie, la vérité et la vie.
> (*Evang.* S. Jean xvi, 6.).

Notre-Seigneur Jésus-Christ est la voie, la vérité et la vie ; et celui-là seulement est chrétien qui suit cette voie, aime cette vérité, et vit de Jésus-Christ.

Vivre de Jésus-Christ, ne faire qu'un avec lui depuis le berceau jusqu'à la tombe, tel doit être l'idéal de tout chrétien. Cet idéal a été celui des saints, il doit être le nôtre.

Vivre de Jésus-Christ, c'est avoir avec lui une communion complète de sentiments, c'est penser, parler, agir comme eût pensé, parlé et agi Jésus-Christ lui-même. C'est un commerce intime, une union étroite ; c'est une élévation de l'âme des choses de cette terre vers Celui qui l'a rachetée et dans le cœur duquel elle se repose.

En un mot, vivre de Jésus-Christ, c'est vivre de la prière.

Telle a été, mes frères, la vie de M. le comte de Bonneuil. En présence d'un cercueil, le devoir du prêtre est de se taire. A lui incombe la prière, à Dieu sont réservés les éloges.

Cependant, mes frères, il est des morts qui parlent encore, et qui du fond de leur cercueil enseignent les vivants.

En ce moment, si je prête l'oreille, j'entends de ce cercueil une voix qui nous crie à tous : « J'ai quatre-vingts ans ! eh bien, je vous le dis, car je le sais par l'expérience : la voie, la vérité et la vie, c'est Jésus-Christ. »

Ce ne sont donc pas des éloges que je viens adresser au cher et regretté défunt ; mon but unique, en levant le voile d'une vie aussi chrétienne, est de profiter avec vous, mes frères, des fruits d'une si longue et si belle expérience.

La vie de M. le comte de Bonneuil, comme je l'ai annoncé en commençant, a été une vie de prière. Le poète l'a dit et avec raison : « *Nemo fit repente summus*; personne n'arrive du premier coup à la perfection », et moi j'ajoute : surtout à la perfection chrétienne.

Il faut une préparation, et une préparation sérieuse; c'est. du reste, l'enseignement de nos livres saints : *Ante orationem præpara animam tuam*; avant de vivre de cette vie de prière, c'est-à-dire la vie chrétienne, prépare ton âme.

M. de Chabenat, comte de Bonneuil, père de notre vénéré défunt, catholique de vieille souche, voulut laisser à son fils un bien plus précieux et plus durable qu'un titre de noblesse joint à une grande fortune. L'or et l'honneur sont de la terre, la vertu est du ciel ; et c'est cette vertu qu'il chercha à inculquer, avant tout, dans l'âme du jeune René.

Pour cela, il chargea un prêtre de l'éducation première de son enfance, puis plaça son fils à Saint-Acheul, collège à jamais célèbre d'où sont sortis les hommes éminents qui ont été et sont encore la gloire de l'Eglise et de la France.

Là, cette âme si droite, si pure se laissa dresser par des maîtres catholiques. C'était l'argile dans les mains du potier. Voilà, mes frères, le point de départ de la vie de M. le comte de Bonneuil.

Aujourd'hui, ces principes d'éducation chrétienne sont battus en brèche. Quels en seront les résultats ?... Qui vivra verra. Ce qui est certain (et nous en trouvons la preuve dans les quatre-vingts années passées sur la terre par M. le comte de Bonneuil), ce qui est certain, c'est que cette préparation chrétienne a été la cause et le principe d'une carrière bien remplie, a fait de cet enfant un homme fidèle à son Dieu et dévoué à ses frères.

Et si, plus tard, M. le comte de Bonneuil a tenu à doter son village d'une école congréganiste, c'est qu'il savait par expérience que la femme, que la mère de famille ne peut être, pour son mari et pour ses enfants, ce qu'elle doit être qu'autant qu'elle aura reçu, au préalable, une éducation chrétienne.

Devenu jeune homme, avec un titre de comte, avec une belle fortune, des avantages physiques incontestables, il eût pu contracter ces liaisons qui font la désolation des familles.

Ses amis, ses compagnons, voulez-vous les connaître ? Cherchez-les ; ils appartiennent aujourd'hui à l'histoire : ce sont les Montalembert, les de Falloux, les Combalot, les Dupanloup, les Lacordaire, les Caverot, les de Garsignies ; j'irai plus loin, et je citerai sans crainte notre vénérable évêque, Sa Grandeur Mgr Allou.

Cette âme était préparée ; enfance et jeunesse chrétienne, amis et compagnons chrétiens, il ne lui manquait plus qu'une compagne chrétienne ; il la rencontra en dame Elisabeth de Balivière.

Il ne m'a pas été donné de connaître personnellement M<sup>me</sup> la comtesse de Bonneuil. Cependant, si j'en juge par les écrits que cette noble dame a laissés sur la question délicate de l'éducation de ses filles, je puis dire, et je ne crains pas de me tromper, je puis dire qu'elle aussi, avant de vivre de la vie chrétienne, avait préparé son âme, et j'ajoute : mon grand regret, et je l'ai manifesté souvent à notre cher défunt, est que ce manuscrit ne soit pas imprimé et distribué avec profusion aux mères qui ont des jeunes filles à élever.

Entré dans l'état du mariage en vrai chrétien, M. le comte de Bonneuil ne calcule qu'une seule chose : donner à Dieu des héritiers du Ciel, donner à la terre des modèles et des bienfaiteurs.

Voilà M. le comte de Bonneuil, le voilà enfant, jeune homme, mari, père de famille ; le voilà, comment dirai-je? sous le côté officiel de la vie.

Pénétrons plus avant ; soulevons davantage ce voile qu'il tient si modestement serré sur ces secrets : mes frères, il y a à Paris un quartier qui compte 18,000 habitants ; sur ce nombre, 9,000 sont dans la dernière des misères, vivant au jour le jour, ne possédant pas le soir le morceau de pain du lendemain, et les 9,000 autres ne sont guère plus fortunés ; c'est le quartier Saint-Marcel, autrement dit : *le quartier des chiffonniers.*

Un jour, il y a de cela environ trente ans, alors que personne dans Paris ne se souciait de soulager une misère aussi répugnante, M. le comte de Bonneuil fut convoqué par une lettre à une réunion de bonnes œuvres. Là on parla, on discuta du bien qu'il y avait à faire aux pauvres de Saint-Marcel. Tous tombaient d'accord et tous disaient : c'est urgent, il faut soulager cette misère ; mais lorsque le président s'adressant aux membres présents demanda à chacun de vouloir bien se mettre à la tête de cette œuvre, tous refusèrent, alléguant, comme dans l'évangile, une raison ou une autre. Un seul homme ne répondit rien, c'était M. le comte de Bonneuil. Suivant son habitude que vous lui connaissiez, il réclama quelques jours de réflexion. Rentré chez lui, il se prosterna aux pieds de son crucifix, et là, dans le secret de son âme, il pria Dieu de l'éclairer.

La besogne était rude, et pour lui, parole donnée était acte accompli. Jusqu'alors, sa vie avait été exclusivement contemplative, vie de prière, vie cachée en Dieu ; c'était l'échelle de Jacob sur laquelle, d'échelon en échelon, M. le comte de Bonneuil s'élevait chaque jour vers Dieu. Soudain, il comprend que si les anges montaient, ils descendaient aussi, et que, par conséquent, il était de son devoir de tendre la main à ces déshérités qui occupent les derniers degrés, non pas de l'échelle mystique de Jacob, mais de l'échelle sociale.

Et c'est ainsi que M. le comte de Bonneuil accepta la présidence de la société de Saint-Vincent-de-Paul, dans le quartier Saint-Marcel. Vous dire ce qu'en trente années, M. le comte de Bonneuil a vu de peines morales et physiques, vous dire les soulagements et les consolations qu'il a portés dans ces mansardes, vous dire les dégoûts qu'il dut surmonter pour affronter une telle misère, serait impossible à la langue humaine. Dieu seul le sait et je ne peux ni ne veux ravir son secret.

Cependant pour que vous puissiez vous faire une idée de la sainteté de la mission qu'il avait acceptée, écoutez ce trait :

« Un jour, durant sa visite qu'il faisait à Saint-Marcel, distribuant aux uns du pain, aux autres des vivres, du bois, des habits, des médicaments et partout de bonnes paroles, il apprend qu'une pauvre femme dans une mansarde est malade et dans le besoin. Il se rend à l'instant à l'endroit indiqué, gravit les étages, et arrive enfin à une échelle en mauvais état au haut de laquelle était établie une trappe ; cette trappe était la porte d'entrée. M. le comte de Bonneuil n'hésite pas, il monte quand même sur ces échelons vermoulus qui craquent sous ses pieds, pénètre dans ce réduit et aperçoit étendue sur le carreau une femme vêtue de haillons, souffrant terriblement d'un bras fracturé, ayant son enfant en pleurs à ses côtés ; tous deux mourant de faim et rongés par la vermine. »

Voilà un fait entre mille, voilà à quoi M. le comte de Bonneuil a passé trente années de son existence ; voilà en deux mots le résultat de la vie chrétienne : Dieu et le prochain. Oui, M. le comte de Bonneuil aimait le prochain, mais il ne l'aimait que parce qu'il aimait Dieu.

Pour lui Dieu était tout, et il le lui témoignait de toutes les manières, par la régularité de ses exercices de piété, par la fidélité à la confession de quinzaine, par la communion fréquente et même dans les petites choses, entre autres par la charge qu'il se réservait de préparer dans la chapelle de Montjay les ornements sacerdotaux, et par l'honneur qu'il concevait de servir le prêtre à l'autel.

Il faut tout dire. M. le comte de Bonneuil eut, comme nous tous, mes frères, des heures d'épreuve ; il perdit une épouse bien aimée, il perdit dans la personne de Mademoiselle Renée, une fille chérie. Mais en chrétien, avant tout, il jeta les yeux sur la route du calvaire, comprit qu'avec Jésus-Christ il devrait se laisser crucifier, qu'en suivant cette voie il ne pouvait errer, car *Jésus-Christ seul est la voie.*

Je ne sais si jamais l'ombre d'un doute a pu pénétrer dans le cœur de M. le comte de Bonneuil, mais ce que je sais, c'est que son âme était bien trempée et bien nourrie de la doctrine de Jésus-Christ ; ce que je sais, c'est que le divin Maître était pour lui le *prototype de la vérité.*

Enfin, je sais encore que son âme était robuste et que, la nourrissant presque quotidiennement de la sainte communion, il vivait de la *vie de Jésus-Christ*.

Et c'est en ces trois mots, mes frères, que se résume la vie de M. le comte Bonneuil : *Jésus-Christ, c'est la voie, la vérité et la vie.*

J'en ai dit assez, nous comprenons tous que la vie ne s'improvise pas, que pour être ce qu'elle doit être, il faut une longue et sérieuse préparation.

Voulez-vous donc, pères et mères qui m'entendez, que vos enfants soient un jour de véritables chrétiens. Voulons-nous tous être fidèles à Dieu, utiles à nos frères, dévoués à notre patrie, écoutons et mettons en pratique ce principe que du fond de son cercueil nous rappelle M. le comte de Bonneuil : *La voie, la vérité et la vie, c'est Jésus-Christ.*

Maintenant, adieu, Monsieur le comte de Bonneuil, au nom de vos enfants qui vous aimaient, au nom des pauvres de Saint-Marcel qui vous pleurent, au nom des religieuses de cette paroisse et de leurs élèves qui vous vénèrent, au nom des prêtres ici présents, au nom des habitants de Bombon et de leur curé qui ne vous oubliera jamais. Monsieur le comte de Bonneuil, adieu !...

Nous joignons à l'allocution de M. le curé de Bombon la notice nécrologique que la *Semaine religieuse du diocèse de Meaux* a donnée sur M. le comte de Bonneuil :

« Heureux d'offrir notre hommage à une mémoire justement vénérée dans notre diocèse, nous emprunterons à la *Défense de Seine-et-Marne* les traits les plus saillants de l'article qu'elle a consacré à M. Félix-René de Chabenat, comte de Bonneuil.

Le vénérable vieillard s'est éteint, le 30 avril dernier, après une longue et douloureuse maladie, muni des sacrements de l'Eglise, et entouré de l'affection et de la vénération de teus les siens, à l'âge de 80 ans.

On peut dire en toute vérité que la vie entière de M. de Bonneuil a été consacrée au bien. Depuis sa jeunesse, jusqu'à la loi réparatrice de 1850, le comte de Bonneuil s'était employé avec zèle au triomphe de la liberté d'enseignement et de la liberté catholique.

Il s'adonna ensuite plus particulièrement encore aux œuvres de charité.

Pendant vingt-cinq ans, il fut président de la Conférence de Saint-Vincent de Paul de Saint-Marcel.

Nul ne pourrait évaluer, même approximativement, la somme de bien qu'il y accomplit avec une énergie, une diligence, une modestie qu'on ne saurait trop louer.

Les regrets et la vénération de ses collègues, des innombrables familles pauvres secourues par lui, l'ont bien témoigné au jour de ses obsèques, où l'église de Saint-Thomas d'Aquin, dont il était marguillier, était trop petite pour contenir la foule de ceux qui étaient venus rendre hommage à ce grand chrétien, à ce véritable homme de bien, aussi accueillant pour tous, aussi affable, aussi serviable pour les petits et les humbles qu'il était inflexible dans les principes et inaccessible à toutes compromissions.

Cet hiver même où il était déjà infirme et bien malade, M. de Bonneuil échappait à la surveillance que ses enfants exerçaient sur sa santé, pour se rendre à plusieurs devoirs de charité et visiter plusieurs de ses chers pauvres.

C'est au retour d'une de ces visites que, le 26 mars, il fut saisi par le froid et que de graves accidents se produisirent en lui qui enlevèrent tout espoir de guérison.

Pendant sa dernière maladie, M. de Bonneuil fut fréquemment consolé et fortifié par la réception des sacrements.

Sa vie et sa mort chrétienne seront un bel exemple pour les habitants de Bombon.

Au service funèbre qui y a été célébré, la foule était nombreuse, attristée et recueillie. Le juste éloge de ses vertus, présenté par M. le curé à l'édification de ses paroissiens, a trouvé de l'écho dans tous les cœurs.

M. le comte de Bonneuil laisse un fils qui continuera les œuvres de son digne père et conservera à ce nom béni son glorieux prestige. »

MEAUX. — IMPRIMERIE A. LE BLONDEL.

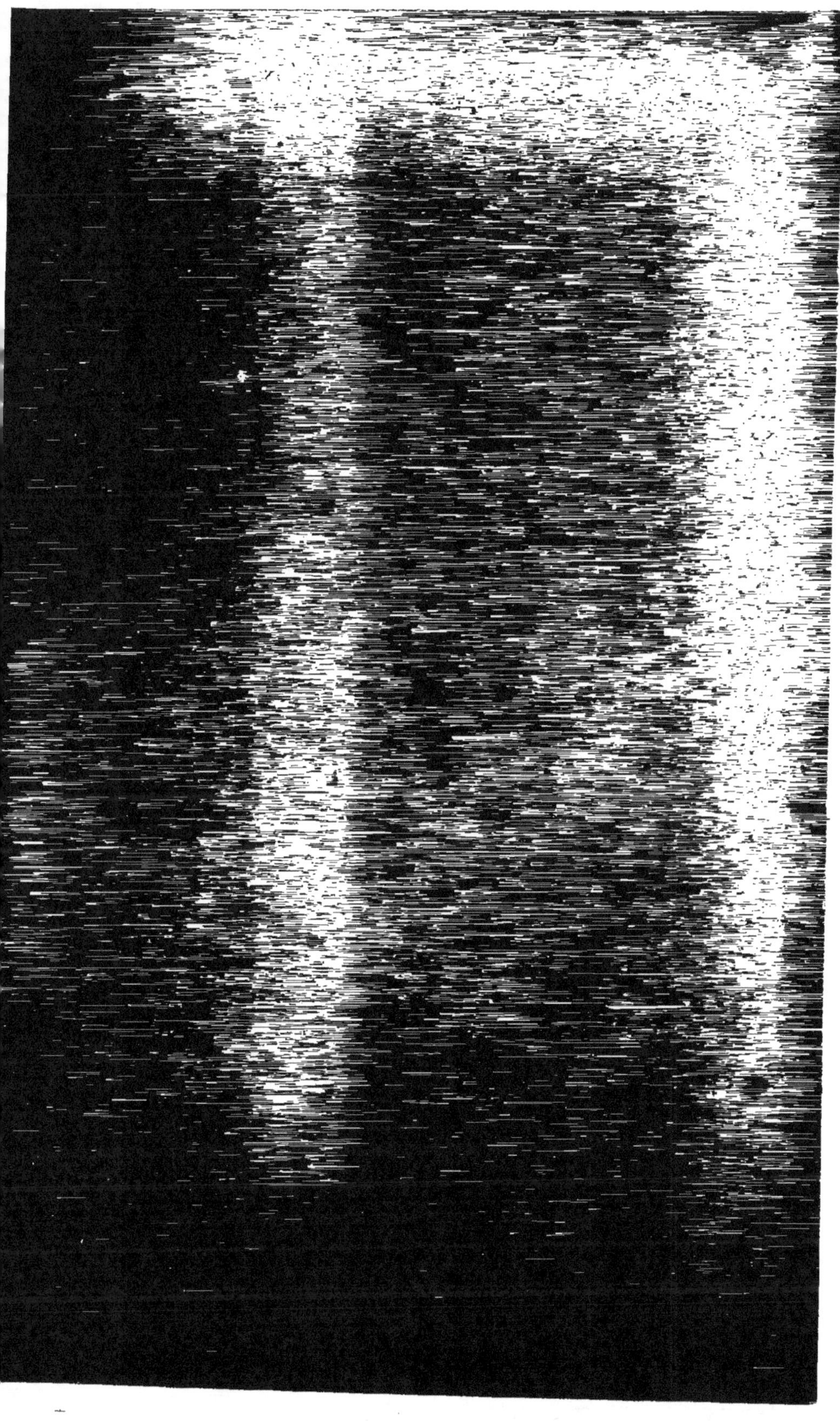

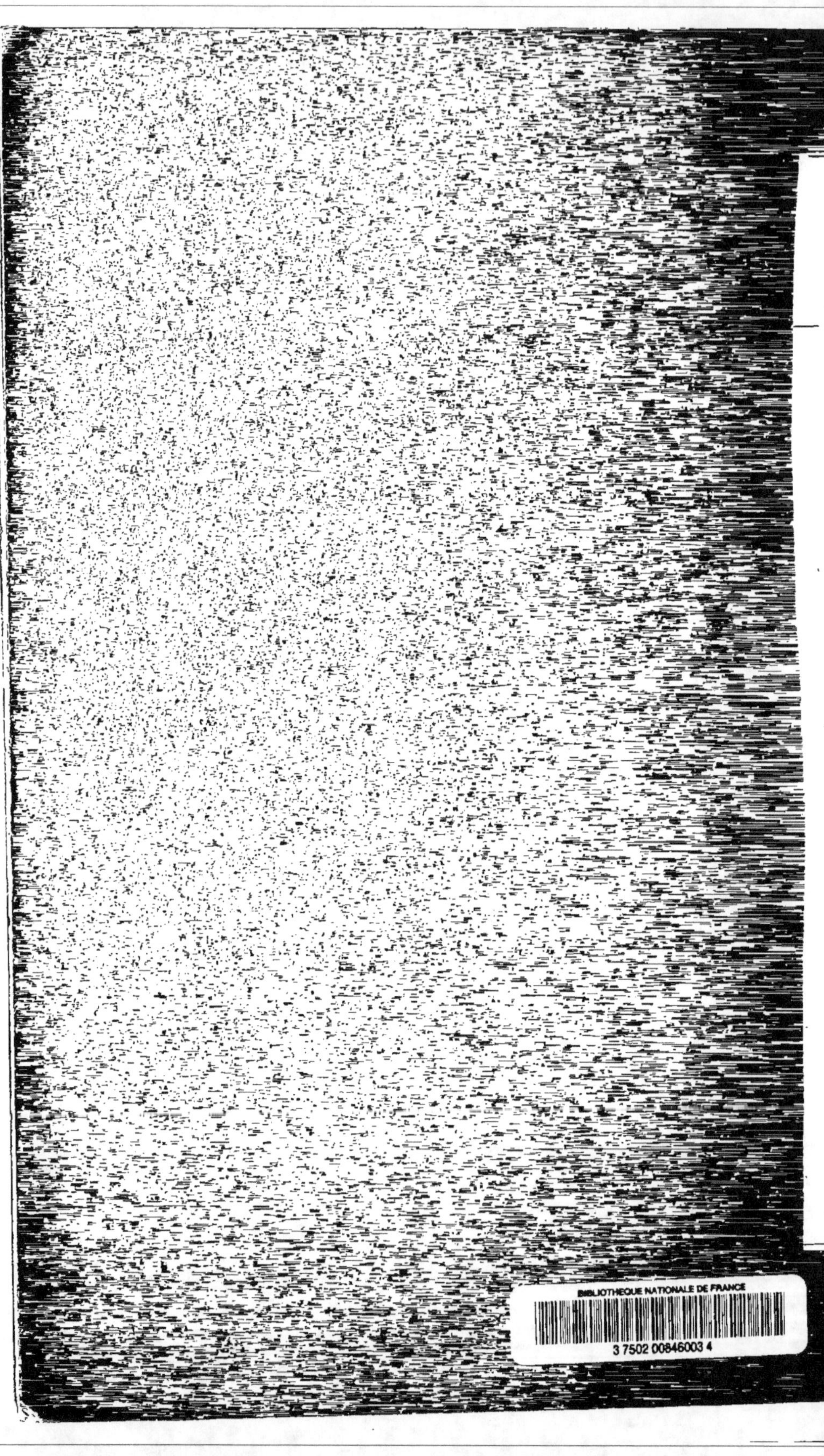

www.ingramcontent.com/pod-product-compliance
Lightning Source LLC
LaVergne TN
LVHW050350030726
842520LV00005B/2027